दिल-ए-जज्बात

SOURAV KUMAR

XpressPublishing
An imprint of Notion Press

XpressPublishing
An imprint of Notion Press

Old No. 38, New No. 6
McNichols Road, Chetpet
Chennai - 600 031

First Published by Notion Press 2019
Copyright © Sourav kumar 2019
All Rights Reserved.

ISBN 978-1-64733-887-9

This book has been published with all efforts taken to make the material error-free after the consent of the author. However, the author and the publisher do not assume and hereby disclaim any liability to any party for any loss, damage, or disruption caused by errors or omissions, whether such errors or omissions result from negligence, accident, or any other cause.

While every effort has been made to avoid any mistake or omission, this publication is being sold on the condition and understanding that neither the author nor the publishers or printers would be liable in any manner to any person by reason of any mistake or omission in this publication or for any action taken or omitted to be taken or advice rendered or accepted on the basis of this work. For any defect in printing or binding the publishers will be liable only to replace the defective copy by another copy of this work then available.

क्रम-सूची

1. अध्याय 1 — 1
2. अध्याय 2 — 3
3. अध्याय 3 — 4
4. अध्याय 4 — 5
5. अध्याय 5 — 6
6. अध्याय 6 — 7
7. इन्तज़ार — 9

खण्ड 1

खण्ड 2

खण्ड 3

खण्ड 4

खण्ड 5

खण्ड 6

खण्ड 7

खण्ड 8

अध्याय 1

गीत मै लिख दूं उनपे
पर अल्फाज़ नहीं मिल रहे,
उन छोटे बच्चों के,दर्द बयां करने को
मुझे जज़्बात नहीं मिल रहे।
बहुत देर सोचा मैंने
तब जा कर ये, याद मुझे भी आई है,
अपने बच्चों को किताब दिया
और छोटू से चाय मंगवाई है।
क्या मीट गया ज़मीर हमारा
या फिर इंसानियत ने साथ छोड़ दिया,
जिन कोमल हाथों में खिलौने होने चाहिए
उनमें हमने हथौड़ा, बर्तन और पोछा थमा दिया।
एक तरफ उन्हें देते हैं
भगवान का दर्जा
तो दूसरी तरफ उन्हीं से
काम करवाते हैं,
कहां चली जाती है मनुष्यता उस वक़्त
जब हम भगवान को ही नौकर बनाते हैं।
क्या भूल गए हम बचपन अपना
या फिर आंखों पे हैवानियत की पट्टी लगाई है,
ज़रा उस बच्ची का दर्द तो समझो
जो हर सुख चैन छोड़ कर
हमारे पास दो रोटी कमाने को आई है।

उनकी आंखों में भी इक सपना होगा
और हम कहते हैं, उन्हें कोई काम नहीं,
कब समझेंगे हम दर्द उनका
जिन बच्चों के हिस्से में
रत्ती भर का भी आराम नहीं।
उनके अंदर भी इक तड़प होगी
स्कूल में जाकर पढ़ने की,
किताबों को गले लगाने की
और नए दोस्त बनाने की।
पर हम क्या समझेंगे दर्द उनका
हमने तो आराम से जिंदगी बिताई है,
कभी जी कर देखो जिंदगी उनकी
कितनी ठोकरें उन्होंने खाई हैं।(२)
आओ मिलकर यह संकल्प करें
कि बच्चों से काम नहीं करवाएंगे,
झाड़ू, पोछा और बर्तन नहीं
किताब,कलम और खिलौने
उन्हें थमाएंगे।
आओ मिलकर यह संकल्प करें
अब बच्चों से काम नहीं करवाएंगे।(२)

अध्याय 2

कभी गहराइयों तक सोचता हूं
कभी बारीकियों को लिखता हूं,
कलमकार बनने के लिए
क्या क्या नहीं मैं करता हूं।
कभी दोस्ती की हवाओं से
कभी फ़िज़ाओं से की मोहब्बत,
कभी आसमां से आंख मिलाई
तो कभी जमीं से पलक,
हर रोज़ ,एक नया तरीका
मैं आजमाता हूं,
कलमकार बनने के लिए
क्या क्या नहीं मैं करता हूं।
कभी हिंदी में पढ़ता हूं
तो कभी अंग्रेज़ी में।
कभी उर्दू को,
मैं अपनी तालीम बनाता हूं,
कलमकार बनने के लिए
क्या क्या नहीं मैं करता हूं।
कभी सुनता हूं राहत इंदौरी साहब को,
कभी कुमार विश्वास को मैं पढ़ता हूं।
कलमकार बनने के लिए
क्या क्या नहीं मैं करता हूं।

अध्याय 3

सज रही है मेहफ़िल
तो ज़रा उन्हें भी संवरने दो,
बाहर बरस रहा बादल
अंदर उन्हें भी बरसने दो,
गिरा कर जो गई हैं बिजली
वो अपनी केसुओं से हम पर,
उन केसुओं को भी थोड़ा और बिखरने दो
उनको थोड़ा और ठहरने दो। (२)
तरस गए थे ये नैन
जिस चांद के एक नज़ारे को,
बेचैन थे हम जिसकी
एक झलक के पाने को,
आज वो चांद लौटा है हमारा
थोड़ा दीदार तो करने दो
उनको थोड़ा और ठहरने दो। (२)

अध्याय 4

मुरझाए पौधों को भी पानी डाला कर
अपने सूखे बगिये को हरियाली कि
चादर से सजाया कर।
इनकी जिंदगी से जुड़ी है जिंदगी हमारी
ऐ मनुष्य बड़े इमारतों तले इन पेड़ों को
ना दबाया कर।
अगर खत्म हूए पेड़ तो हम भि नहीं
बच पाएंगे
इस बढ़ते प्रदूषण में राख बन कर
रह जाएंगे।
अगर बचाना है अस्तित्व को अपने
तो और पौधे तू लगाया कर
इस सूखते जाहां को हरियाली कि
आंचल से सजाया कर।

अध्याय 5

ये बड़े शहरों कि रौशनी अपने पीछे
एक अँधियारा लिऐ चलती है,
खुशनुमा चेहरों को भी
गमों कि मोहताज बना देती है?
सपनों कि चाह में यहाँ आऐ लोग
अक्सर हकीकत से दूर हो जाते है,
गैरों कि संगती में आने पर
अक्सर अपनों को हि भूल जाते हैं ?
जब बिखर जाते हैं उनके सपने सारे
तब याद उन्हे अपनों कि आती है,
ये बड़े शहरों कि रौशनी
हर पल किसी एक को रूलाती है ?
कूछ पहुँच जाते हैं मुक़ाम पे अपनी
तो कूछ भीड में खोऐ रेह जाते हैं ,
झूठे सपनों कि दौड़ में लोग
अक्सर अपनी मंजिलों से बीछर जाते हैं ?
ना मंज़िल हासिल होती है
ना सपने पूरे होते हैं,
बड़े शहरों कि रौशनी में
लोग अक्सर खोऐ रहते हैं ?

अध्याय 6

आज जिंदगी पे अपनी
क़िताब लिखने बैठा हूं मैं,
हर गुज़रे पल का
हिसाब लिखने बैठा हूं मैं।
यूं तो मुझे इल्म नहीं
क़िताब लिखने का,
पर हक़ तो है
अपने सपनों को संवारने का।
उन्हीं सपनों को पन्नों पे
तराशने बैठा हूं मैं,
आज जिंदगी पे अपनी
क़िताब लिखने बैठा हूं मैं।
याद आ रहें वो मंजर सारे
जब लक्ष्य से अपने मैं भटका था,
बेजान सपनों के बीच
एक तिनके सा मैं अटका था।
फिर वक्त ने ऐसी करवट बदली
कि हर सपना बिखरने लगा,
नाकामियों को छोड़
कामयाबी कि ओर मैं बढ़ने लगा।
उन्हीं चंद लम्हों को अपनी
यादों में पिरोने बैठा हूं मैं,
आज जिंदगी पे अपनी

क़िताब लिखने बैठा हूं मैं।

7. इन्तज़ार

चुरा कर जो गई हो
तुम निंद मेरी,
ज़रा बता भी दो
कि उसे कब तक लौटाओगी।
खड़ा हूं मै जो घंटों से
इन्तज़ार में तुम्हारे,
ज़रा बता भी दो
कि कब तक मिलने आओगी।

क़िस्मत का खेल है ये
या दो दिलों की दूरी है।
हमसे मिलना शौक है उनका
या उनकी मजबूरी है।

क्यों नमी सी है इन हवाओं में,
क्यों घटा सी है इन फिज़ाओं में,
शायद मौसम को भी
आगाज़-ए-इश्क़ हो गया है,
तुम्हारी कदमों की आहट से।
हमने तो पहले ही कहा था
बहुत खास हों तुम,
तभी तो आसमां भी निखर गया
तुम्हारे इस शमां में आने से।

सफ़र था वो इश्क का,
हम भी उसके राही थे।
क्या हुआ जो मोहब्बत
छूट गई,
एहसास तो फिर भी बाकी थे।

कैसे भूल जाऊ, उन एहसासों को,
जो तेरे लबों के छूने से आई थी?
मैं आज भी , गुम हो जाता हूँ
उन यादों में,
जब मैं तुम्हारा जिस्म था
और तुम मेरी परछाई

कभी कभी,
ज़रूरत से ज़्यादा
हम आराम लिया करते हैं,
एक हंसी शाम के लिए
थोड़ा जाम लिया करते हैं।
थक जाते हैं हम कभी कभी,
इस भीड़ में चलते चलते
इसलिए, अपने क़दमों को भी
थोड़ा थाम लिया करते हैं।

डूब गया ये दिल
उनकी आंखों के गहराई में
जब करीब आकर
उन्होंने कहा- "इतने चूप-चाप क्यूं हो"।

अक्सर बंदिशें लोगों को बर्बाद करतीं हैं,
आज़ादिया नहीं।
क़ैद में रहने वाले पंछी जल्दी मरते हैं,
खुले आसमां में उड़ने वाले परिंदे नहीं।

हमारे हुजरे में जगह नहीं, तुम्हारे ख़्यालों के लिए,
अपनी यादों को उसमें, हमने बिखेर रखा है।

तुम लाख बदल लो, अपने घर का पता,
तुम्हारे हर पते का रस्ता, हमने देख रखा है।

www.ingramcontent.com/pod-product-compliance
Lightning Source LLC
LaVergne TN
LVHW042156070526
838201LV00047BA/1540
9781647338879